"Pages actuelles"
1914-1916

"Kultur"
et
Civilisation

PAR

George FONSEGRIVE

BLOUD ET GAY, ÉDITEURS
PARIS — BARCELONE

"*Pages actuelles*"
(1914-1916)

"*Kultur*"
et
Civilisation

PAR

George FONSEGRIVE

BLOUD & GAY
Editeurs
PARIS, 7, Place Saint-Sulpice
Calle del Bruch, 35, BARCELONE
1916
Tous droits réservés

« Kultur » et Civilisation

Les Allemands sont très fiers de ce qu'ils appellent leur « kultur ». Ils la considèrent comme une sorte de propriété nationale qu'ils ont mission de défendre contre tous ses ennemis, qu'ils soient du dehors ou du dedans. C'est pour cela que Bismarck appela « kulturkampf » sa lutte contre l'Eglise. C'est pour cela que dans leur récent manifeste les intellectuels allemands appellent au secours de leur « kultur » le militarisme prussien. Il est évident par là que l'on s'est à peu près unanimement trompé quand on a traduit le mot allemand « kultur » par le mot français « civilisation ». L'idée que le premier prétend exprimer n'est pas du tout la même que celle que signifie le second. La civilisation nous paraît être ce par quoi se manifeste la valeur d'une société : dans la civilisation se totalisent après balance toutes les valeurs humaines, valeurs économiques, valeurs industrielles, valeurs intellectuelles, valeurs morales. Ce qui revient à dire que la civilisation d'une époque, d'un pays, d'un peuple se mesure à son degré d'humanité. On est d'autant plus civilisé qu'on est plus homme, qu'on est plus humain. Notre idée de la civilisation se définit par deux caractères. Nous y voyons d'abord un état : chaque degré de civilisation constitue pour nous quelque chose de relativement fixe et durable, une sorte de palier. En second lieu la civilisation ne nous semble pas dépendre de tel où tel développement de quelqu'une des valeurs humaines, mais se trouve constituée par l'ensemble même et l'intégralité des valeurs.

L'étymologie même du mot « kultur » montre qu'il répond à des conceptions très différentes. Tout d'abord il signifie beaucoup moins un état que le moyen pour y arriver, le chemin et non pas le but, et par suite de cette première conception il attribue au chemin la valeur même du but, ce qui induit à penser que toutes les sortes de pédagogies qui peuvent servir à cultiver l'homme, à le rendre plus savant et plus vigoureux constituent la valeur même. Nous apprécions, nous, la civilisation d'après son rendement effectif, d'après les valeurs qu'elle produit, les Allemands l'apprécient d'après la valeur de ceux qui ont la charge de la développer ; nous jugeons le civilisé d'après ses actes, eux le jugent d'après ses maîtres. Nous jugeons de l'arbre d'après ses fruits, les Allemands ne veulent considérer que le jardinier.

Voyons donc comment jardinent ces jardiniers. Nous les connaissons. Ils se divisent en deux catégories bien distinctes, les maîtres d'école, les professeurs de tout ordre et de tout rang et les militaires. L'école et la caserne, voilà les deux jardins où se cultive la plante allemande. La suite même des choses exige que nous commencions par l'école.

I. L'enseignement primaire (1)

Les meilleures écoles allemandes où aillent les tout petits sont les jardins d'enfants, les écoles frœbeliennes. Les livres de l'abbé Klein (2) nous en ont fait connaître et la méthode et l'esprit. Ces jardins sont confiés à des femmes. Elles doivent moins instruire, élever l'enfant que lui fournir les moyens, l'appui, l'aide nécessaire pour qu'il s'instruise, pour qu'il s'élève lui-même. On excite sa curiosité, on lui fait sentir l'utilité, l'intérêt de l'ordre, le bienfait de la discipline, on lui apprend à exercer ses sens, à se servir de ses doigts, à goûter les choses belles. Tout, autour de lui, doit être propre, gai, avenant, soigné, bien rangé, avec un souci de mettre, même dans la salle d'exercices, un peu de beauté. Le jardinage, l'élevage de petits animaux, les excursions au dehors, à la campagne, contribuent à éveiller l'âme et, soigneusement surveillée, à lui faire trouver, comme d'elle-même, la voie droite.

Qu'il y ait beaucoup de jardins d'enfants où la « jardinière » sache atteindre cet idéal, qu'il y ait un très grand nombre de petits Allemands qui sortent du « jardin » pour entrer à l'école primaire avec l'initiation intellectuelle, morale, esthétique même

---

(1) Cf. Georges Blondel. *L'école allemande et sa responsabilité.* Extrait de *La Réforme sociale*, in-8°. Paris, 1915.
(2) *Mon filleul au jardin d'enfants.* I. *Comment il s'instruit.* II. *Comment il s'élève*, 2 vol. in-16. Colin.

que nous vantent les théoriciens de ce jardinage, je n'en saurais trop rien dire. Pour être une bonne jardinière, il ne faut rien moins que deux choses : beaucoup de zèle et au moins un peu de génie. Ce sont qualités qui ne courent pas les rues.

Car, pour s'adapter à tous les caractères, à toutes les natures d'esprit, il faut varier ses procédés, et en inventer sans cesse : aussi faut-il du génie. Et sans le zèle ce génie ne suffirait pas, car il ne suffit pas de savoir ce qu'il faut ou dire ou faire, d'inventer à chaque problème sa solution, il faut encore dire ou faire ce qui convient, sortir à chaque instant de la routine ou du mécanisme des habitudes et pour cela il faut des efforts constants que seul le zèle inspire et soutient. Les jardinières doivent donc être à la fois géniales et vertueuses. Peut-être suffit-il qu'elles soient seulement un peu géniales, mais il est nécessaire qu'elles soient très vertueuses. Ou bien tout le système s'en va à vau-l'eau. On retombe dans les routines, ou, ce qui est pire, c'est la débandade et le décousu : les exercices se succèdent au hasard et les enfants sont livrés, ou autant dire, à toutes leurs fantaisies. Il faut aussi admettre que les enfants sont tous de bon naturel. Pestalozzi et Frœbel étaient des disciples de Rousseau et comme lui ils croyaient à la bonté naturelle de l'homme. « L'homme naît bon. » Toute la théorie du jardin d'enfants repose sur ce postulat. En pratique on le corrige et les bonnes jardinières savent découvrir des succédanés ingénieux de ce que le reste des pédagogues appelle récompenses et punitions. Elles laissent l'enfant agir spontanément, mais, en dépit de la théorie, elles savent, quand il le faut, apaiser sa turbulence et réprimer ses écarts. On m'excusera donc si je doute que ce « jardinage » si vanté produise beaucoup de fruits. Il n'en reste pas moins que les enfants qui auraient ainsi été « jardinés » seraient des enfants admirablement préparés à recevoir l'enseignement de l'école primaire. Et c'est une idée très juste que de regarder la formation de l'enfant de trois à sept ans comme une sorte de gymnastique qui ne doit pas avoir pour but de lui apprendre quoi que ce soit, mais simplement de le rendre avide d'apprendre, et de le mettre en état de goûter, de comprendre et de retenir l'enseignement que l'instituteur va lui donner.

L'école primaire a surtout pour but de munir l'élève des connaissance indispensables à la vie : lecture, écriture, calcul, rédaction, préceptes de la morale, dogmes de la religion. Ici l'enseignement est avant tout dogmatique. Il s'agit sans doute de comprendre, du moins autant qu'il est nécessaire pour retenir, mais il s'agit avant tout de retenir. Il y a au programme des matières obligatoires ; il faut que l'élève les sache, et pour s'assurer qu'il les sait, il n'y a que deux moyens : d'abord de l'interroger, ensuite de lui demander d'en faire usage. Par la force des choses, à l'école primaire cet usage des connaissances n'est et ne peut être qu'une sorte de mécanisme routinier, comme nous voyons que les bons élèves des classes primaires font un calcul d'intérêt ou une règle de trois, c'est-à-dire encore une espèce de récitation.

Tout ce que nous savons des écoles primaires allemandes nous fait voir que dans la pratique, si spécieuses que soient les théories pédagogiques, c'est l'autorité du maître qui sert de raison suprême à la docilité de l'élève, c'est la répétition, le recommencement, la revision qui sont les procédés scolaires les plus usuels et c'est enfin la mémoire qui est chez l'élève la faculté la plus exercée. L'élève est dressé à l'obéissance disciplinaire comme à la docilité intellectuelle. Une discipline exacte règne dans l'école. On y entre et on en sort, alignés, en marquant le pas, en chantant. Le maître veille. Si l'élève rompt le silence, fait un mouvement à contre-temps, rompt de quelque façon que ce soit l'ordre et la discipline, s'il n'a pas accompli sa tâche ou ne sait pas sa leçon, il est vertement réprimandé, fortement puni, parfois brutalement secoué et souvent même frappé. La verge est restée, entre les mains de l'instituteur allemand, un des moyens les plus efficace de la « kultur ». Ces cris qui jadis indignaient Montaigne, ces vociférations du maître, ces plaintes des élèves, qu'aucune de nos écoles n'entend plus depuis quarante ans, sont familiers aux oreilles allemandes.

L'école primaire allemande comprend encore dans ses programmes l'histoire, la géographie, le dessin, le chant. Avec ces matières il semble que l'on doive sortir des préoccupations purement utilitaires. En réalité il n'en est rien. La géographie, l'histoire, que les écoliers allemands retiennent en général mieux que nos écoliers français, ont un but précis, défini par les autorités scolaires, imposé aux instituteurs, accepté par eux avec joie. Il ne doit pas être question d'élever l'esprit des élèves à saisir dans leur ensemble la suite des faits historiques, ni de connaître l'étendue, la configuration et les ressources des divers pays; ces connaissances risqueraient de remettre l'Allemagne à sa place dans l'histoire et dans le monde. Le but de l'histoire, le but de la géographie doit être d'inculquer à l'enfant l'amour, le respect, le culte de la patrie allemande. *Deutschland über alles*. L'histoire, la géographie ne doivent pas apprendre la vérité pure et simple, la vérité vraie, mais la « vérité allemande ». C'est par cet enseignement que les pensées abstruses d'un Fichte ou d'un Hegel arrivent à prendre corps dans tous les cervaux germains. L'Allemagne a une mission divine : à elle seule elle vaut le monde, l'humanité n'est rien qu'en elle et par elle; elle est le cerveau et le cœur de l'univers. Les autres peuples n'ont existé que pour préparer son avènement; ils n'ont droit à l'existence que dans la mesure où ils servent à la conservation et à la richesse de l'Allemagne; ils n'ont droit à la bienveillance que dans la mesure où ils reconnaissent leur vassalité. Le maître d'école allemand, sous la forme la plus dogmatique, par des récits historiques, par des descriptions géographiques, par des aphorismes sans cesse répétés, inculque aux élèves toutes ces idées. Ainsi par l'école et l'instituteur se forme le plus dogmatique, le plus ardent, le plus dédaigneux, mais aussi le moins éclairé des patriotismes.

Le dessin n'a qu'un but pratique. Il est d'ailleurs, en général, mal enseigné et les écoliers allemands ne paraissent pas y réussir. En revanche, la musique est admirablement enseignée et apprise comme d'instinct par les enfants. La musique est l'art national. On trouve dans de toutes petites écoles primaires des chœurs d'élèves capables de chanter à deux ou à trois parties non seulement des airs populaires, mais de la belle et bonne musique, comme des chorals de Bach. De là vient qu'il n'y a pas en Allemagne de village si déshérité qui n'ait sa « chapelle » de chanteurs ou même d'instrumentistes.

Au sortir de l'école primaire, le jeune Allemand a donc développé en lui le sens de la discipline, de l'obéissance, le respect de l'autorité constituée, fût-elle brutale, fût-elle injuste, la conviction de la supériorité de l'Allemagne sur tout autre peuple, la foi dans les destinées de sa patrie, le goût de la musique et du chant choral, c'est-à-dire encore un besoin d'association et de discipline. Docile, obéissant, dévot, patriote, bon chanteur, muni d'une somme de connaissances routinières, purement utiles, mais non méprisables, tel est donc l'adolescent allemand.

II. Education professionnelle et militaire

La plus grande partie des Allemands ne recevra pas d'autre éducation. A la ferme, à l'atelier, ils seront menés durement, militairement. Dans les associations qui se forment, les chefs, une fois élus, mènent ainsi leurs subordonnés et même leurs coassociés. Les syndicats réagissent contre les façons grossières des patrons, ils protestent parfois — en sourdine — contre les brutalités des sous-officiers à la caserne, voire même des officiers, mais les dirigeants des syndicats imposent à leurs dirigés la plus stricte, la plus passive des disciplines. Ce sont à leur tour des sergents et des caporaux. Dans les sociétés musicales même, le *kapellmeister* injurie et rudoie ses exécutants. On se souvient des manières que prenait Strauss vis-à-vis des musiciens de l'orchestre à notre Opéra. Il dut se franciser, c'est-à-dire s'adoucir, se polir et s'humaniser pour que les musiciens consentissent à regagner leurs pupitres.

Aussi, quand ils arrivent à la caserne, les conscrits sont déjà dressés. Les injures, les bourrades, les vexations, les mauvais traitements, les coups même les trouveront sinon insensibles, mais tout au moins impassibles. Leur cervelle est lente et leur mémoire rebelle, ils ne sont pas « dégourdis », leur amour-propre individuel semble peu développé, aussi ont-ils besoin d'excitations fortes pour être ébranlés. Serait-il nécessaire qu'elles soient aussi violentes que celles que leur procurent leurs gradés, d'après le témoignage unanime des observateurs ? Je l'ignore. Toujours est-il qu'ils les supportent. Le conscrit allemand est traité selon les méthodes des anciens sergents recruteurs, selon les méthodes du grand Frédéric. Le cas Forstner n'est pas un cas isolé ni même un cas inventé pour vexer spécialement les conscrits alsaciens. Des faits pareils se produisent un peu partout; seulement, ailleurs, ils ne scandalisent pas, les patients en souffrent moins; l'épiderme alsacien étant plus sensible, la révolte fit plus de bruit.

La discipline militaire ne peut être que stricte et l'obéissance passive. Alors même qu'on ne comprend pas, il faut obéir. Mais la discipline prussienne exagère encore la passivité et la rigueur de l'obéissance. Et c'est la discipline prussienne qui régit tous les soldats allemands. En faisant du roi de Prusse l'empereur allemand et le maître de l'armée, tous les petits États allemands ont consenti à courber tous leurs sujets sous la férule prussienne. Le soldat est un outil aux mains de ses chefs. L'inférieur obéit à son supérieur comme à une sorte de divinité. A chaque degré de la hiérarchie, il en est de même. Cependant, entre les officiers, il règne hors du service, à cause des relations sociales, une certaine camaraderie. Mais entre les officiers et les sous-officiers, les hommes de troupe, il y a un infranchissable fossé. C'est une race qui commande à l'autre. Si bien que tout soldat allemand sort de la caserne plié au respect de la hiérarchie. Il sait que l'inférieur n'est rien en face du supérieur. Comme, d'autre part, il a appris à l'école que la race allemande était la race supérieure, il devra donc estimer que partout où il se trouvera, c'est lui qui doit commander et que s'il ne le fait pas, si, par aventure, il arrive qu'il ait un rang inférieur, qu'il soit, par exemple, le domestique, l'ouvrier, l'employé d'un patron français, c'est qu'on lui fait tort. Les choses ni les gens ne sont pas en place. Il faudra redresser cela. Discipliné, obéissant, courbé jusqu'à terre devant ses supérieurs, arrogant, exigeant devant ses subordonnés ou ses inférieurs, souple et insinuant vis-à-vis de l'étranger, mais convaincu en soi-même de sa supériorité native, prêt à tout pour la conquérir, et n'aspirant qu'à la faire fortement sentir, tel est donc l'homme du peuple allemand tel que le font la ferme, l'atelier, les usines, la caserne enfin, la caserne surtout, achevant l'œuvre de l'école.

III. Enseignement secondaire

Le gros fermier, le bourgeois, le commerçant, le fonctionnaire, le hobereau font donner à leurs fils une éducation moins ~~fruste et~~ rudimentaire. C'est ici, surtout, que nous allons voir la « kultur » à l'œuvre. Car le menu peuple ne passe pas pour cultivé et les intellectuels allemands nous accuseront volontiers de défigurer leur « kultur » parce que nous voulons ne pas négliger l'œuvre de l'école primaire, de l'atelier ou de la caserne. Nous dirons plus loin nos raisons. Il n'en est pas moins exact que ce qu'il y a d'essentiel dans la « kultur « se trouve dans l'enseignement secondaire et dans l'enseignement supérieur, dans les gymnases et les universités.

Les gymnases allemands ressemblent assez bien à nos lycées. Dans les gymnases classiques on apprend le latin, le grec, les langues, les sciences; dans les gymnases « réels » on n'apprend pas les langues anciennes, on vise à donner un enseignement plus pratique. En réalité, dans les uns comme dans les autres, l'enseignement est surtout mnémotechnique et verbal. La mémoire joue le plus grand rôle. Et, sans doute, l'élève est forcé, par l'objet même de ses études, à user du raisonnement, mais il raisonne d'après le maître, sur ses traces, les pas dans les pas. Son raisonnement est encore une espèce de docilité. Le professeur explique des livres ou dicte un cours. Il ne tolère ni liberté ni critique. Il faut être de l'avis du professeur. Cela, d'ailleurs, est facile. Dans les sciences, d'abord, il n'en peut être autrement. Dans les lettres, le professeur se contente de faire de l'explication textuelle, de l'histoire littéraire, de la grammaire, de la philologie, de la lexicographie, de donner des dates, de dicter des résumés. C'est ce qu'on appelle un enseignement « objectif ». L'élève n'est pas excité à sentir les beautés poétiques ; une épithète semblable à celles qu'emploie Bædecker pour les monuments lui dit ce qu'il faut penser. On chercherait vainement en Allemagne l'excitation intellectuelle, la curiosité passionnée qu'on remarque si souvent en France dans les bonnes classes de première et de philosophie. Ce mot même de « première », que nous leur avons assez sottement emprunté pour remplacer le mot « rhétorique », est bien significatif. Le mot « rhétorique » signifiait que le professeur de la plus élevée des classes de lettres devait aimer l'éloquence et, s'il se pouvait, être lui-même éloquent. Mais l'éloquence n'est pas « objective », on a cru devoir la traiter en ennemie ou tout au moins en suspecte.

Les gymnases allemands, jusqu'à ces dernières années, ne comportaient pas de classes de philosophie. La philosophie était réservée à l'Université. Depuis quelque temps, une tendance contraire s'est manifestée. Quelques gymnases ont eu une année de philosophie. En revanche, dans tous les gymnases, il y a des cours de religion obligatoires pour tous les élèves. Mais on se tromperait fort si on croyait que dans ces cours on développe l'esprit religieux. Les aumôniers de chaque culte se contentent de dicter un cours dogmatique et « objectif », une sorte de résumé de théologie dogmatique et morale, luthérienne ou catholique, selon la religion des élèves. Ici encore, comme partout, comme toujours, c'est la mémoire qui est la faculté maîtresse. Toutes les études, en fin de compte, aboutissent au manuel ou, ce qui est la même chose, au cours dicté et à la récitation.

IV. Enseignement supérieur

En passant à l'Université, l'élève devenu étudiant ne voit pas changer les méthodes. C'est toujours le cours dicté, très élémentaire, et l'examen qui vérifie si le cours a été bien retenu. Cela, du moins, pour toutes les études qui préparent à une profession déterminée, par conséquent dans les cours de droit, de médecine, de sciences, de philologie, de littérature, d'histoire, partout où le professeur, en vue d'un but utilitaire et précis, enseigne la science faite. Et ce n'est pas encore là que nous trouverons la « kultur » que les Allemands, paraît-il, ont besoin de défendre contre nous. La plupart de leurs professeurs d'Université sont d'excellents élèves qui ont beaucoup appris et qui répètent à d'autres générations d'élèves et souvent durant de longues années, sans changer un mot à leur cours, ce qu'ils ont eux-mêmes appris dans les livres ou sur les bancs. Ce sont là des faits peu connus, dont on ne parle presque jamais, qui disparaissent dans le rayonnement dont les Allemands et leurs naïfs admirateurs ont entouré les Universités d'outre-Rhin. Il faut bien, cependant, qu'on sache qu'il se dépense en France, dans chacune des chaires de nos plus petites Universités et même dans les hautes classes de nos grands lycées, plus d'initiative intellectuelle que dans la plupart des chaires des Universités allemandes. La gloire, le renom mérité de quelques savants nous ont dérobé la médiocrité du grand nombre de leurs collègues. Et les Allemands, comme on pense bien, n'ont rien fait pour nous dessiller les yeux. Nous aurions dû, en les observant, appliquer les règles de cette critique dont ils sont si fiers. Et ne pas oublier que, depuis 1870 surtout, l'Allemagne est devenue le pays du bluff.

Venons-en donc à ce qu'il y a de vraiment intéressant dans les Universités allemandes, à ce qui a fait leur force et leur renommée. Ces Universités sont outillées et disposées pour être non pas seulement des organes qui enseignent la science faite, elles sont encore des laboratoires où se fait la science, des séminaires où on apprend à la faire. Dans les laboratoires, les maîtres font leurs propres découvertes, et dans les séminaires ils dressent les élèves à en faire eux-mêmes. — Telle est du moins la prétention des professeurs allemands. Est-elle bien justifiée ?

Et d'abord que les Allemands aient fait un certain nombre de découvertes, cela n'est pas contestable. Sans doute ils n'ont aucun géomètre que l'on puisse comparer à un Abel ou à un Hermitte, aucun physiologiste qu'on puisse mettre en parallèle avec Claude Bernard, aucun physicien qui puisse rivaliser avec Ampère, et notre Branly, tout modeste, vaut bien Roëntgen. Moissan vaut Ostwald. Koch et Erlich ne sont que des suivants de Pasteur. Cependant chimistes et physiciens allemands sont des savants qui sont dignes de leur renommée, et Félix Klein n'est pas un mathématicien méprisable. Il n'en reste pas moins vrai qu'aucun d'eux n'a ouvert des voies nouvelles, que les découvertes que chacun a faites dans sa sphère et dans sa spécialité ne sont que des dépendances et comme des corollaires de grandes découvertes initiales dont plusieurs sont l'œuvre de savants français. Si l'on voulait comparer l'accroissement de savoir qui est sorti des laboratoires trop souvent mal outillés de nos Universités françaises avec ce qui est venu des superbes ateliers scientifiques des Allemands, je crois que le bilan ne se solderait pas en perte pour nous (1).

Mais il y a les « séminaires ». Cette expression est surtout employée dans les facultés où l'on étudie la philosophie, l'histoire, les lettres ; elle convient cependant aussi bien aux institutions qui accompagnent les facultés scientifiques. Dans ces dernières, le professeur initie les élèves au maniement des instruments, il se fait aider par eux dans ses recherches, leur propose des sujets d'étude, les met sur la voie qui peut les conduire à des résultats utiles. Il les emploie surtout à mesurer, à doser ; pour cela il les spécialise, leur confie un petit, tout petit canton de la science à explorer. L'élève fait ainsi de petits travaux, le professeur l'encourage, le cite dans ses mémoires, lui confère une part de son autorité. Si l'élève a du ressort, s'il sait échapper à la tutelle,

---

(1) On consultera avec fruit sur ce point le récent ouvrage de M. L. REYNAUD : *Histoire générale de l'influence française en Allemagne*, in-8°. Hachette, 1914.

dépasser du regard les limites de son canton, il pourra devenir un inventeur, mais s'il le devient ce ne sera pas par l'effet de la « kultur », ce sera au contraire en dépit de la « kultur ». La plupart du temps il restera cantonné, travailleur utile, excellent manœuvre, mais uniquement bon à tailler des pierres, incapable d'être architecte.

A plus forte raison en est-il ainsi dans les instituts de physique, de chimie que les Universités se sont annexés et où les professeurs dressent les élèves à étudier de façon pratique la solution des problèmes qui viennent à chaque instant se poser à l'industrie : problèmes de mécanique, d'électricité, de chimie industrielle ou pharmaceutique. Les ingénieurs électriciens, chimistes, mécaniciens qui sortent de ces écoles sont d'excellents techniciens, capables de rendre de grands services aux industriels qui les emploient, mais ce ne sont pas des savants. En les formant on n'a visé d'ailleurs qu'à l'utile et ce n'est pas eux, mais plutôt les élèves des séminaires, que les maîtres d'outre-Rhin donneraient comme des représentants authentiques de leur « kultur ».

Là où triomphe la « kultur », c'est surtout dans la littérature, l'esthétique, l'histoire, la philosophie. Là, la science allemande se complaît en elle-même et si elle veut bien accorder qu'il peut y avoir ailleurs des mathématiciens, des chimistes ou des physiciens, elle ne peut que regarder d'un œil de pitié tout ce qui n'est pas critique allemande, esthétique allemande, philosophie allemande. Et d'abord c'est en Allemagne et ce n'est qu'en Allemagne, disent les Allemands, que l'histoire est devenue science, que par l'histoire la littérature est devenue science à son tour; ce sont les Allemands qui ont inventé l'esthétique, et chacun sait bien que la philosophie, avant Kant, existait à peine et que depuis Kant les seuls penseurs qui puissent compter dans le monde furent des Allemands.

En quoi consiste donc ici la « kultur » ?

Toute science repose sur des faits, les sciences humaines reposent donc sur des faits humains et par suite sur l'histoire. La « kultur » doit donc apprendre à faire l'histoire, elle est avant tout une formation historique. Or, l'histoire est constituée à l'aide des témoignages et des documents : il faut savoir recueillir les témoignages, savoir lire, interpréter et dater les documents. On enseignera donc à l'élève qu'il doit d'abord connaître la littérature de son sujet, quel qu'il soit; pour cela, consulter toutes les bibliographies, accumuler les lectures et colliger sur des fiches bien ordonnées le résultat de chacune de ses recherches. Pour bien lire il devra user de la paléologie, de la grammaire, de la linguistique, de la philologie. Il devra avoir recours à la critique interne et à la critique externe. Finalement, il pourra arriver à fixer scientifiquement la date d'un fait ou l'attribution d'un ouvrage à tel auteur. Peu à peu, à force de fiches, à force de faits il arrivera à noircir des pages pleines de notes en petits caractères avec au-dessus trois lignes de texte. Quand la série des fiches sera épuisée, l'ouvrage sera fini.

La littérature se réduira donc à l'histoire littéraire. Ainsi une étude sur Bossuet devrait comprendre d'abord la lecture et la comparaison des manuscrits autographes et des copies qui nous restent, une discussion de leur valeur respective, de leur date, une revision comparée des diverses éditions, un résumé objectif des textes, un lexique de la langue de Bossuet, le relevé de toutes les expressions, de toutes les formes de langage qui lui sont particulières, le dénombrement, la statistique complète de toutes les figures de mots ou de pensées que Bossuet a employés, synecdoques, métonymies, antonomases ou bien anacoluthes. On pourrait ensuite comparer Bossuet, par exemple, à Fénelon en mettant en présence ces diverses statistiques. On saurait que sur cent mots Bossuet fait n métaphores, tandis que Fénelon en fait $2\,n$ ou $\frac{n}{2}$, si ce n'est $\frac{n}{3}$. — C'est à ce travail qu'on dresse les étudiants allemands dans les séminaires de philologie. C'est ce qu'on a voulu imiter, importer en France. On a dit qu'il valait mieux une pierre bien taillée selon toutes les lois de la stéréotomie qu'un architecte futur pourrait employer, qu'un essai d'architecture peu solide et misérable. — Oui, sans doute, s'il fallait choisir.

**

Pour l'histoire de l'art les méthodes sont toutes pareilles. Il ne s'agit pas de sentir la beauté d'une œuvre, de pouvoir la qualifier, il s'agit de la dater, de la situer, de savoir quels sont les artistes, quelles sont les œuvres dont l'auteur s'est inspiré. Quand on a pu faire voir que tel geste d'une figure de Léonard se retrouve dans un tableau de tel peintre obscur qui a vécu avant lui, si l'on arrive à montrer que ce tableau était exposé dans telle ville que Léonard a visitée avant de dessiner sa figure, on a obtenu un résultat tel que tous les historiens de l'art doivent en être jaloux. — Il est incontestable que cela a son intérêt et que cela peut s'apprendre. On peut même accorder que ces faits forment à la critique esthétique des dessous solides qui augmentent sa portée et sa valeur. Mais, quand on sait tout cela, est-on beaucoup plus apte à sentir soi-même, à faire sentir aux autres la beauté ? Et qu'importent les synecdoques qui se trouvent dans Bossuet ? Chateaubriand n'avait jamais songé à les compter, il ne nous en a pas moins admirablement traduit l'impression que doit produire sur une âme d'homme la péroraison de l'*Oraison funèbre de Condé*.

Sous l'empire de ces mêmes préoccupations, l'esthétique, la philosophie même se réduiront à l'étude des systèmes; l'étudiant apprendra comment ont senti et pensé les autres. — N'apprend-il pas par là à penser lui-même ? — Sans doute, si l'on ne voit dans l'histoire de la pensée qu'un moyen. Mais la constante préoccupation d'objectivité arrive à en faire un but. On s'est donné tant de mal pour savoir ce que les autres ont pensé que l'esprit, à bout de souffle, éprouve le besoin de se reposer et ne se demande pas quelle est la valeur de la pensée qu'il a ainsi découverte et déchiffrée.

Rien ne prouve mieux la stérilité de cette méthode que l'évidente diminution, en Allemagne, du nombre des vrais philosophes. Les seuls qui aient une renommée véritable et méritée sont Wundt de Leipzig et Eucken d'Iéna, mais ce sont déjà des vieillards chargés d'années. Les autres ne sont que des psychologues absorbés dans des recherches de laboratoire, intéressantes sans doute et utiles, mais sans portée philosophique. La période héroïque de la philosophie allemande, commencée avec Leibnitz, continuée avec Kant, Fichte, Schelling et Hegel, s'est close avec Schopenhauer et Nietzsche. Si l'on veut à cette heure trouver des hommes dont la pensée renouvelle et alimente l'esprit de leurs contemporains, c'est en Amérique, en Angleterre, en Danemark ou en France qu'il faut aller les chercher. Le mouvement pragmatiste et humaniste est né en Amérique et en Angleterre, le vénérable M. Höffding enseigne à Copenhague et c'est dans notre Paris que professe M. Bergson. Cette diminution de la pensée allemande a frappé tous les philosophes qui ont pris part aux récents congrès philosophiques et les Allemands eux-mêmes en ont paru maintes fois préoccupés. Il semble que la source qui parut un moment si abondante tende à se tarir.

V. L'art allemand

Je ne pense pas que personne veuille soutenir que les Allemands aient dans les arts du dessin dépassé les autres nations. On sait ce que vaut leur architecture. Ils estiment que le « kolossal », par cela seul qu'il est kolossal, doit frapper d'admiration, confondant ainsi l'énormité avec la grandeur et s'imaginant que celui que stupéfie un amoncellement de matériaux doit nécessairement admirer. Ils frappent fort, donc ils pensent frapper juste. Et ils confondent de même la recherche et la grâce, la prétention et l'élégance, l'extravagance et l'originalité. Ils ont très peu de bons peintres ; presque tous, même les meilleurs, gâtent leurs œuvres par l'abus de la recherche et du symbole. L'ensemble de leur école est très inférieure aux Français et aux Anglais. En revanche, ils ont de bons sculpteurs, mais sans aucune incomparable maîtrise.

Mais, du moins, ils ont la musique. Ils ont eu Bach, ils ont eu Beethoven, ils ont eu Mozart, ils ont eu Wagner. Qui le nie? Mais ils ont eu. Ils n'ont plus maintenant que M. Strauss. Or, si l'on doit reconnaître en ce compositeur les habiletés de l'orchestration, on ne peut non plus s'empêcher de constater qu'il vise à secouer les nerfs de ses auditeurs bien plus qu'à les élever à ces régions sereines ou pathétiques, mais toujours très hautes, où les fait planer la musique d'un Beethoven ou d'un Bach. Et Wagner lui-même, tout grand qu'il soit, si original qu'on doive le proclamer, ne marque-t-il pas, avec un progrès de la technique et de l'expression, quelque chose qui indique la décadence? Cette musique où les dessins mélodiques s'entrecroisent et s'entremêlent sans fin, qui vous emporte sans cesse vers ce qui va suivre sans jamais vous abandonner au repos, dont tout le charme consiste dans l'attrait perpétuel et dans la complexité sonore, où l'on se perd comme en une forêt profonde, représente sans doute tout ce qu'il y a d'ineffable, de complexe dans la vie et de jamais achevé, mais en même temps que par là elle atteint une éloquence nouvelle, singulièrement séduisante, elle éveille en l'homme les échos du désir qui ne se lasse un instant que pour renaître et qui jamais ne s'apaise. Même les plus purs des chants de Wagner, même l'*Enchantement du Vendredi saint*, laissent l'âme non pas seulement inassouvie, mais tourmentée et mécontente. Cette musique excite et n'exalte pas. On en sort, comme des fêtes des sens, épuisé et affaibli. Quelle différence encore avec notre César Franck ou bien avec leur Beethoven !

VI. Kultur et militarisme

Il semble qu'il n'y ait entre la musique de Wagner et la « cruauté disciplinée » dont nous parlent dans leur manifeste les intellectuels allemands, entre les méthodes de la critique philologique et les brutalités de la caserne allemande, aucune sorte de rapport. Il y en a, au contraire, et de fort étroits.

Le militarisme germanique, qui n'est autre que le caporalisme prussien tel qu'il fut institué par le roi Frédéric-Guillaume Ier de Prusse et qu'il fut consolidé par Frédéric II, n'est pas autre chose qu'un mécanisme où la discipline arrive à faire de l'homme de troupe un automate et de tous les subordonnés des instruments passifs sous la main des chefs. L'armée, comme les canons, comme les aéroplanes, est une machine de guerre. La théorie, les exercices, les parades, les revues n'ont qu'un but, c'est de diminuer l'effort, d'augmenter le rendement. Pour cela, le sous-officier se sert quelquefois des coups et l'officier ne s'abstient pas des injures. Ce n'est pas par simple brutalité. C'est par système. L'instructeur doit résoudre ce problème : étant donné le caractère physique et moral des hommes, comment peut-on arriver à l'effet cherché ? Ils connaissent la psychologie du bleu, du troupier et ils agissent en conséquence. Ils le savent gourd, lent, maladroit, ils lui font décomposer tous les mouvements, les lui font répéter des centaines, des milliers de fois et pour réveiller l'attention, qui à la longue faiblit, ils se servent des moyens forts qui y réussissent. Les moyens sont bons puisque la fin est atteinte. Il est bon, d'ailleurs, que le subordonné se sente dans la main du chef comme dans celle d'un maître absolu et que la terreur lui enlève jusqu'à l'idée qu'il serait possible que les choses se passassent autrement. Au delà de cet abandon sans réserve, c'est le noir, c'est l'abîme, c'est la mort, c'est ce qui n'est pas, ce qui ne peut pas être. Le triomphe de la discipline, c'est de supprimer l'idée même de la possibilité du contraire.

Par ailleurs, et de temps en temps, on fera entrer quelque idée dans toute cette mécanique, on réveillera les souvenirs de l'école, on rappellera la grandeur de la Prusse, la supériorité de l'Allemagne sur tous les peuples du monde, on exaltera la puissance et la majesté du kaiser. Et, faisant appel au sentiment religieux, on inculquera aux hommes la foi que Dieu, le vieux Dieu allemand, a choisi l'Allemagne entre tous les peuples, le kaiser entre tous les hommes et les soldats, enfin, entre tous les autres Allemands pour obéir au kaiser, pour accroître la grandeur de l'Allemagne et servir ainsi les desseins de Dieu. Par là, on satisfait le besoin d'idéal qu'il y a en chaque homme, on donne de la valeur à l'individu sans qu'il risque de murmurer contre son sous-officier ou d'oser lever les yeux sur son officier. Puis, comme il aime à chanter, on le fait chanter : tout ce qu'il y a en lui de mélancolies latentes, de sentimentalité non satisfaite, s'évapore dans le chant. Sur l'aile du rythme et des sons, tout l'obscur de l'âme s'envole, tout ce qui pourrait éveiller l'idée critique, faire sourdre quelque indépendance. Et pour les fougues du corps, les lieux d'ivresse ne manquent pas.

Le soldat allemand est une véritable mécanique : mécanique corporelle et mécanique mentale.

Et c'est par là qu'il ressemble à l'étudiant allemand. Seulement, ici, comme le corps n'entre guère en jeu, ce sera la mécanique mentale qui fonctionnera.

Tout le système des écoles allemandes est fondé sur la pédagogie, et la pédagogie, à son tour, n'est qu'une application des lois découvertes par les psychologues. La psychologie telle que les Allemands l'entendent est une sorte de physique qui nous découvre les lois selon lesquelles nous sentons, nous pensons, nous agissons. Étant donné telle excitation, vous aurez infailliblement telle sensation ; étant donné tel ensemble de sensations, vous éprouverez telle émotion et tel sentiment ou vous concevrez telle pensée. Étant donnés tel sentiment et telle pensée vous aurez telle volonté, vous agirez infailliblement de telle façon. On voit donc que si l'on veut donner aux hommes telle idée, leur inspirer tel sentiment, leur faire accomplir telle action déterminée, rien n'est plus facile, il suffit de produire l'antécédent pour qu'aussitôt le conséquent se produise, comme il suffit de choquer un détonateur pour que le fulminate s'enflamme. Avec cette conception, la pédagogie devient une science presque infaillible. Nous venons de la voir à l'œuvre à la caserne, à l'école, au gymnase; à l'Université elle devra réussir de même.

Il faut donc trouver des méthodes mécaniques, des méthodes infaillibles. Ces méthodes sont celles-là mêmes qui sont en usage dans les instituts scientifiques, dans les séminaires de philologie ou d'histoire. Car ces méthodes allemandes, tant vantées, ne sont que des mécaniques. Parce que les progrès des sciences sont devenus tels qu'on ne peut espérer avoir dans quelque science que ce soit une compétence universelle, il est nécessaire de se borner, de se spécialiser. Et ceci est juste. Mais voici qui ne l'est plus. Les Allemands, en effet, tirent de là cette conséquence que le savant, une fois spécialisé, ne doit s'occuper que de sa spécialité, s'interdire toute vue générale qui dépasserait le canton étroit où la méthode l'a confiné. Physicien, chimiste, qu'il s'attache à découvrir quelque fait nouveau; naturaliste, qu'il étudie dans le plus extrême détail telle espèce de mousses, ou telle classe de vers; philologue, historien, qu'il parvienne à reconstituer un texte ou à établir la date exacte d'un fait, c'est le moyen et le seul qui s'offre à lui d'ajouter quelque chose aux connaissances humaines. L'analyse est la seule méthode qui donne des résultats.

VII. Philosophie de la Kultur

Cette méthode suppose toute une philosophie. Elle repose, en effet, sur cette conviction que, lorsqu'on est arrivé à connaître toutes les parties, par cela même on connaît l'ensemble. L'analyse décompose donc et la synthèse, pour recomposer, n'a qu'à rassembler les matériaux détaillés par l'analyse. Par là les Allemands se montrent les élèves dociles de l'Anglais Bacon et de nos « philosophes » du xviiie siècle. Condillac disait de même qu'il n'y a qu'une seule méthode et que cette méthode est essentiellement analytique. Et Bacon avait enseigné qu'il ne fallait qu'enregistrer passivement les faits tels que la nature les présente, sans y mêler aucune hypothèse, aucune idée de l'esprit. Mais notre Claude Bernard a montré, au contraire, que sans les idées grâce auxquelles l'esprit les explique et les interprète, les faits demeurent muets et insignifiants. Et notre Fustel de Coulanges a fait voir de même que la simple constatation des faits historiques ne suffit pas pour faire une histoire. Un fait isolé par lui-même ne signifie rien. Pour qu'il prenne et qu'il ait un sens, il faut que l'esprit le rapproche d'autres faits et découvre l'idée ou la loi qui fait leur enchaînement et leur donne une signification. Dans les sciences de la nature, portés par la vie même de ces sciences, les Allemands ont échappé aux étroitesses de la méthode, ils tiennent une place honorable, très honorable même, si l'on veut, mais non pas tout à fait prééminente en mathématiques, en physique, en chimie, en biologie. Mais ils ne doivent pas cette place à leur « kultur » ils la doivent aux exigences intimes de ces sciences qui les ont comme forcés à sauter par-dessus les barrières que la « kultur » au contraire leur eût imposées. Car c'est grâce aux intuitions, aux divinations de l'esprit que se font les découvertes, et la « kultur », au contraire, s'oppose aux mouvements libres de l'esprit. Elle est une discipline et veut qu'on reste en alignement.

Aussi en histoire, la « kultur » est-elle purement critique et aboutit-elle presque partout à des doutes, sinon à des négations. Car dans les sciences historiques comme dans les autres, on ne peut faire de synthèses, on ne peut construire qu'en interprétant les faits, qu'en leur prêtant une âme, en les rangeant d'après une idée. Les faits seuls, même colligés et rassemblés, sont impuissants à faire naître l'idée qui leur donne un sens, qui d'un amas sait faire un tout, et d'un tas de matériaux un édifice. C'est ce qui explique qu'en Allemagne, si les travaux de toutes sortes foisonnent sur des points particuliers et si ces travaux sont d'une incontestable valeur, ils n'aient, depuis Mommsen, pas eu un historien. Ils se défient de l'esprit, de l'idée, pour tout dire, de la pensée. Tout ce qui ne peut pas se ramener à un mécanisme leur est suspect. Ils y subodorent quelque relent subjectif. Et la science doit être objective.

Toutes les grandes vues historiques leur paraissent donc téméraires. Ils trouvent des faiblesses à toutes les constructions. Scientifiquement ils doutent donc du sens de l'histoire. Et quiconque suivra étroitement leur méthode devra comme eux aboutir au scepticisme.

Il en serait de même dans les sciences morales et sociales si les moralistes et les sociologues étaient aussi réservés dans leurs conclusions que le sont les historiens. Mais ici le doute et la critique même leur sont interdits par les exigences de la pratique. Aucun de ceux qui se livrent à ces études n'est tout à fait désintéressé. On peut étudier ce que fut à Rome l'*Edit du préteur* sans chercher autre chose que la vérité ; mais construire une doctrine morale, une doctrine de l'Etat, cela touche de trop près à la vie réelle, aux problèmes de pratique qu'elle pose chaque jour, pour que les idées dominatrices de la vie, croyances profondes, partis pris volontaires ou sentimentaux ou même préjugés tenaces ne viennent pas imposer leur direction. Et les faits viennent alors docilement se ranger dans l'ordre qu'il faut pour que les idées paraissent prouvées.

Si bien que dans toutes les sciences qui touchent à l'homme, la « kultur » aboutit à des conclusions fragmentaires, incomplètes et finalement au scepticisme, à moins que, au moment de passer à la pratique, pour éviter le scepticisme, sur les traces de toute la philosophie de Kant, elle laisse de côté tout l'appareil critique et, par un acte d'autorité volontaire, elle statue une vérité, sa vérité, la « vérité allemande ».

C'est pour cela qu'il y a une histoire officielle qui s'enseigne dans les écoles primaires et dans les gymnases. Cette histoire ne connaît ni les hésitations, ni les doutes ! Il ne s'agit plus ici de spéculation ni de critique, il s'agit de la pratique, il s'agit de la vie même. L'histoire n'est plus une science, mais un outil pour la vie. Cela suffit à nous expliquer le manifeste des intellectuels allemands. En accumulant leurs « *Il n'est pas vrai* », ils n'ont pas songé un instant qu'ils auraient dû examiner en savants et en critiques les faits sur lesquels ils se prononçaient, ils ont voulu simplement exprimer l'état de croyance pratique où les a mis leur patriotisme. Il est nécessaire à la patrie allemande que toutes les forces de l'empire soient disciplinées et soumises aux autorités, les forces intellectuelles doivent se ranger à l'ordre comme les autres. On ne fait pas de la critique sous les armes. Or, l'autorité allemande dit que la neutralité de la Belgique n'a pas été violée, que les Belges sont des bandits et que la destruction de la bibliothèque de Louvain était exigée par les besoins militaires ; donc il n'est pas vrai pour un savant allemand, d'une vérité allemande, que la neutralité de la Belgique ait été violée, et c'est une vérité allemande que les Belges sont des bandits.

La « kultur » intellectuelle, par cette distinction entre la spéculation et la pratique, permet ainsi au savant de prendre deux attitudes contradictoires : la négation et le scepticisme dans la spéculation font place dans la pratique au caporalisme. Ne pouvant arriver à penser librement et par soi-même, on pense par ordre.

VIII. Le mécanisme kultural

Le Germain, en effet, est un être double : individualiste à la fois et social ; sensible, sentimental même et brutal. Tandis que la civilisation hellénique et la civilisation chrétienne qui l'a suivie, adoucie et complétée, se sont efforcées de pacifier la dualité de l'homme, d'affiner les sens jusqu'à les soumettre à la raison, de cultiver la personnalité en la faisant servir à la belle ordonnance de la société, en un mot de fondre les oppositions dans une harmonie, la « kultur » allemande laisse les contradictions à l'état aigu, les avive et même les exaspère au point que chacune d'elles tour à tour opprime et même supprime l'autre. Chez une race aux muscles prompts à obéir à ses nerfs, cela pourrait être fort dangereux. Chez une race aux muscles plus lents, au cerveau moins net, qui se complaît aux vagues idéations et à qui suffit le rêve, cela ne tire pas à conséquence. L'Allemand se permet en idée toutes les audaces et ses chefs savent bien qu'ils peuvent les lui permettre. Cette anarchie spirituelle n'offre aucun danger. Elle est même contre l'anarchie pratique une sorte de vaccin. Car cette débauche idéale évacue tout le venin. Au sortir de ses audaces, l'Allemand retombe sur la terre et redevient le Prussien le plus docile et le plus discipliné. Et c'est précisément cette discipline, tout ce militarisme qui nous effare, nous, qui est à ses yeux la condition de sa liberté d'esprit ; il sent bien que sans le militarisme qui garde l'Etat et qui le garde lui-même, il n'oserait plus penser. Les intellectuels allemands ont tout à fait raison quand ils disent que le militarisme est la sauvegarde de leur « kultur ». Ils ont raison de le dire, mais par là ils condamnent la « kultur » même.

N'étant que mécanisme et reposant sur une conception mécaniste de la nature et de l'homme, la « kultur » trouve d'ailleurs dans le militarisme son application la plus cohérente. Une conception mécanique du monde doit en effet trouver dans la force, et dans la force la plus grande, celle qui l'emporte, la raison de tous les événements. Or, qu'est-ce que le militarisme, sinon la domination de la nation par l'armée, c'est-à-dire par la force et la domination des autres nations par la même armée, c'est-à-dire par la force encore ? L'armée allemande, d'ailleurs, est l'œuvre même de la « kultur ». Cette formidable machine a à son service toutes les sciences : ses canons, ses aéroplanes, ses Zeppelins, ses explosifs, ses moteurs ; tous ces outils lui viennent des savants, non pas toujours des savants allemands, mais cependant de savants. Sa discipline est basée sur le mécanisme du dressage pédagogique. Et si elle est brutale, c'est que le caractère allemand l'exige. Cette brutalité est donc encore scientifique. Scientifique également le régime de terreur que les Allemands instituent dans les villes dont ils s'emparent. Qu'importe qu'ils massacrent des centaines d'innocents, s'ils épargnent par là la vie d'un seul de leurs soldats ? A part les excès individuels de la soldatesque, il semble bien que toutes les atrocités, toutes les destructions commises par les Allemands l'aient été par ordre, selon un système défini et bien arrêté. Les procédés sont si pareils partout qu'il doit y avoir une « théorie » à l'usage des envahisseurs. Ici encore les intellectuels n'ont pas eu tort quand ils ont nié que leurs troupes se soient livrées à des « cruautés indisciplinées ».

Engagé dans la discipline, entré dans le rang, le militaire allemand, fût-il un savant dans la vie civile, n'est plus qu'un rouage dans l'immense machine. En vertu de la « kultur » même, il ne veut rien être, rien savoir de plus. Il sera doux ou cruel selon qu'on le lui ordonnera. Livré à lui-même il sera ce que lui inspirera son tempérament, ce que lui suggérera son impression du moment. Il est probable que de temps en temps, pour donner du jeu, pour ouvrir aux forces comprimées des soupapes d'échappement, on laisse le soldat libre de se livrer vis-à-vis de l'étranger à ses fantaisies, quelles qu'elles soient. Cela même est conforme à la « kultur » et rentre dans son mécanisme.

IX. Conclusion

On peut voir maintenant ce qu'est la « kultur » et en quoi elle diffère de la civilisation. La civilisation est une qualité propre à l'humanité tout entière. La « kultur » est allemande. C'est la manière spéciale dont la nation allemande entend la civilisation. Les Allemands étant ce qu'ils sont, ils ont jugé qu'ils ne pouvaient avoir d'autre civilisation que celle que leur donne leur « kultur ». Nous n'avons pas là-dessus à les contredire. Ils se connaissent sans doute mieux que nous ne pouvons le faire. Eprouvant en eux des tendances contradictoires, ne voulant en sacrifier aucune, ne croyant pas qu'il leur soit possible de les faire vivre d'accord, de les développer harmonieusement, pénétrés, ainsi que l'a si justement remarqué Mgr Batiffol (1), des idées luthériennes, ils sont convaincus que la lutte entre les deux hommes qu'il y a en chaque homme est irréductible, et ils ont institué un mode de « kultur » qui pût donner satisfaction tour à tour à chacune de leurs tendances. L'audace de leurs rêves, la subtilité de leur critique ne connaît point de limites ; ce sont eux qui ont édifié les plus fortes théories du droit individuel, c'est de leur philosophie que procèdent les anarchistes. Mais en même temps ils sont gens pratiques, avisés et incapables de sacrifier un intérêt positif à un sentiment ou à une idée. Devant la perte ou le gain, ces audacieux spéculatifs deviennent aussitôt timides. Ces individualistes ne se sentent en sûreté que bien contenus et bien encadrés. Ils aspirent à la vie indépendante et ne peuvent vivre isolés. Il se feront donc deux vies, ils appartiendront à la fois à deux cités : à la cité du sentiment, de l'idée, du rêve où l'individu est tout ; à la cité de l'action, de la vie réelle et pratique où l'individu n'est plus rien et doit se sacrifier entièrement à l'Etat. Or, l'Etat c'est la force, tous ses actes ont pour but d'établir son règne dans le monde des corps, et les corps sont régis par les lois

---

(1) « Les lois chrétiennes de la guerre », *Correspondant* du 24 octobre 1914, p. 176.

de la mécanique. L'Etat est un mécanisme dont l'armée est à la fois le symbole et la principale pièce. C'est grâce à l'Etat que vivent les corps, et sans les corps que seraient les âmes? Y aurait-il une vie quelconque de l'esprit? Tous les droits individuels s'effacent devant le droit de l'Etat. Et devant la parole de l'Etat ou du kaiser qui l'incarne, la critique n'existe plus. Par notre « kultur » nous vivons en ordre, en bon ordre, en prospérité, en santé, nous disent les Allemands, donc cette « kultur » est bonne, elle est la seule qui nous convienne. L'Allemagne n'est devenue puissante, l'Allemagne ne s'est élevée au-dessus des autres peuples, l'Allemagne n'est devenue elle-même, n'a réalisé toute son idée que lorsqu'elle a suivi, docile, la forte main de Bismarck, lorqu'elle s'est modelée sur la Prusse militarisée. Renoncer au militarisme, au conformisme prussien, ce serait pour l'Allemagne se suicider.

C'est à ce moment que les autres peuples répondent : mais si votre « kultur » est proprement germanique, elle ne saurait nous convenir, à nous, qui sommes des Anglo-Saxons, des Celtes ou des Latins. Gardez donc votre « kultur », mais ne nous l'imposez pas. Car la nôtre vaut bien la vôtre. — Et les Allemands aussitôt répliquent : notre « kultur » est la seule qui mérite vraiment ce nom. Vous autres, peuples, tant que vous êtes, n'êtes que des demi-civilisés, vous vivez dans le désordre et dans l'impuissance. Vous n'êtes que des représentants inférieurs de la race humaine. C'est en nous que se réalise l'idée de l'humanité. Et la preuve, c'est que nous avons la force de vous détruire et que nous sommes en train de le faire. Vous serez, vous devez être annihilés ou asservis. Et il n'y a point d'autre alternative. La force sera le signe évident du droit, car dans la concurrence des peuples comme dans celle des espèces animales, c'est le plus apte, donc le meilleur qui triomphe. Et nos canons et nos soldats témoignent de notre aptitude. Nous sommes le peuple élu, celui que Dieu marqua de son signe pour lui faire réaliser dans le monde ses plus hauts desseins. Dieu est évidemment pour nous, notre vieux Dieu allemand, *unser alt deutsche Gott*, car il est en nous, c'est en nous et par nous qu'il se réalise. Ce Dieu, notre Dieu, s'incarne à cette heure dans notre kaiser. Nous sommes l'idée divine, la Divine Pensée qui sculpte les hommes, et par les hommes le monde. Chaque savant allemand, chaque soldat allemand, chaque artiste ou chaque industriel allemand, chaque femme allemande, chaque canon ou chaque fusil allemand, est Dieu même présent sur la terre. Et la preuve que notre peuple est le peuple-dieu, c'est qu'il domine le monde et que sous sa force tout doit s'incliner.

Les autres peuples sont infiniment plus modestes. A cette « kultur » étayée sur le plus fragile et le plus audacieux des panthéismes, ils opposent une conception toute différente. Cette conception, même chez ceux de ces peuples qui ne font pas officiellement profession de christianisme, ne laisse pas d'être essentiellement chrétienne. Ces peuples ne pensent pas qu'aucun d'eux ait été choisi de Dieu pour dominer tous les autres; ils estiment que chaque race et que chaque peuple a sa partie à jouer dans le concert de l'humanité, que chacun d'eux a ses qualités, sa valeur et son génie propres et que c'est respecter l'œuvre de Dieu que de laisser chacun d'eux vivre et développer librement sa vie. Ils croient qu'il y a des droits naturels des individus et aussi des droits des peuples, que la force peut un temps écraser le droit, mais que la Justice veille et que tôt ou tard le droit est vengé. On professe chez eux que les faibles et les petits doivent être respectés et qu'il n'est pas permis de sacrifier au hasard des innocents. La cruauté, fût-elle disciplinée, ne leur paraît pas moins horrible et cruelle et la barbarie, fût-elle savante, ne leur paraît pas moins barbare. Aucun d'eux n'a la témérité de se proclamer le but souverain du monde, l'idée suprême de Dieu; tous, au contraire, sont convaincus qu'à leur place et à leur rang ils réalisent des fins qui leur sont supérieures et dont peut-être même ils ne peuvent se douter. Ils ont ainsi sur la conduite de l'homme et sur le gouvernement des nations des idées qui leur sont communes : respect des contrats et de la parole donnée, subordination de la force au droit, bonté, douceur pour toute l'humanité. Cette civilisation humaine, universelle, est le fruit de tout ce qu'il y a de meilleur dans la race humaine : la raison hellénique l'a élaborée, la puissance romaine l'a codifiée, le christianisme l'a consacrée et l'a imprégnée des aromes évangéliques.

Puisque la « kultur » allemande a fait appel à la force, que la force décide donc. Si, comme il ne paraît pas douteux, elle détruit le militarisme allemand et la « kultur » qui se dit et qui est liée à lui, la preuve sera faite ou devrait l'être aux yeux des Allemands même. Puisque la force leur aura manqué, c'est donc qu'ils n'avaient aucune espèce de droit.

Nul d'ailleurs n'aura à déplorer la perte de leur « kultur ». En la perdant, on ne perdra que des idées fausses. La science ni l'art ne sont nés en Allemagne : si on enlevait à la race germanique tout ce qu'elle doit aux Grecs, aux Latins et surtout aux Anglais et aux Français, il lui resterait bien peu de chose. Ses plus grands esprits : les Leibnitz, les Schiller, les Gœthe étaient tout imprégnés de raison latine, de lyrisme anglais, de mesure, de bon sens français. Ils n'ont pu jamais conquérir la grâce. Leurs successeurs, moins nobles esprits, ont nié ce qu'ils ne pouvaient comprendre. Ils ont manqué d'esprit de finesse et, l'ayant senti, ils ont renoncé à l'acquérir. C'est ainsi qu'il y a deux Allemagnes, celle de Leibnitz, de Schiller, de Gœthe, qui est aussi celle de Bach, de Mozart et de Beethoven, et l'Allemagne moderne, l'Allemagne militarisée, l'Allemagne prussifiée. Nul jamais ne s'opposera à ce que la race germanique produise les fleurs de science, de poésie, de chant, de hautes spéculations qu'elle est admirablement apte à produire. Mais ces fleurs, elle les a produites avant d'être prussifiée et c'est précisément depuis qu'elle est devenue prussienne qu'elle ne les produit plus. Détruire la force allemande, ce n'est donc pas détruire la science, l'art, la poésie, la philosophie, ou la musique allemands ; c'est, au contraire, leur donner l'air libre où ils pourront respirer, vivre et prospérer.

L'Allemagne n'est, d'ailleurs, pas indispensable à la vie de l'humanité. A qui notre sensibilité française est-elle le plus redevable durant ces quarante dernières années ? A Dostoïewski, à Gogol, à Gorki, à Tolstoï. Y a-t-il un seul écrivain allemand qui ait eu sur le monde pareille influence ? Une civilisation pourrait être largement et complètement humaine sans avoir besoin de rien emprunter à l'Allemagne. Les Anglais lui apporteraient leur esprit pratique et net, analytique et imaginatif à la fois, le réalisme de leur génie et le lyrisme profond de leur âme ; les Russes l'imprégneraient de pitié, de compréhension pour les foules, pour tout ce qui est faible et souffrant ; les Français à leur tour répandraient partout la clarté, mettraient de l'ordre, de la cohésion et de l'harmonie, faisant sentir partout la raison. Si le génie allemand veut vivre, il faudra que l'Allemagne renonce à absorber, à annihiler les autres génies. Mais pour qu'elle renonce à ces rêves d'orgueil où elle se divinise elle-même, il faut tout d'abord que la défaite lui impose l'abdication.

TABLE DES MATIÈRES

I. — L'Enseignement primaire	5
II. — Éducation professionnelle et militaire	10
III. — Enseignement secondaire	13
IV. — Enseignement supérieur	15
V. — L'art allemand	22
VI. — Kultur et militarisme	24
VII. — Philosophie de la Kultur	28
VIII. — Le mécanisme cultural	32
IX. — Conclusion	34

324. — Imprimerie Artistique «Lux», 131, boulevard Saint-Michel, Paris.

PARIS	**BLOUD & GAY**	BARCELONE
7, Place St-Sulpice	ÉDITEURS	Calle del Bruch, 35

LA GUERRE ALLEMANDE & LE CATHOLICISME

Par Cardinal AMETTE ; Mgr BAUDRILLART ; Chanoines ARDANT ; COUGET ; GAUDEAU ; MM. G. GOYAU et F. VEUILLOT. — Documents.

1° Un volume In-8° Prix : **2.40** net

=== 2° **ALBUM N° 1** === □ === 3° **ALBUM N° 2** ===

Documents photographiques illustrant la conduite respective des armées allemandes et françaises à l'égard de l'Église Catholique.. **1.20** net

Quelques portraits de prêtres français mis à mort par les allemands et autres documents photographiques du même ordre. **1.20** net

4°

1 Série de 12 **CARTES POSTALES** publiées par
LE COMITÉ CATHOLIQUE DE PROPAGANDE FRANÇAISE A L'ÉTRANGER

Prix de la Série : 1 franc

L'ALLEMAGNE et les ALLIÉS devant la CONSCIENCE CHRÉTIENNE

Par Mgr CHAPON, Évêq. de Nice ; Mgr BAUDRILLART ; Mrs Denys COCHIN, Ministre d'État ; le Baron d'ANTHOUARD ; Mgr BATIFFOL ; R. P. JANVIER ; de LANZAC de LABORIE ; Ed. BLOUD ; F. VEUILLOT. — Documents..

Un volume In-8° Prix : **3.60** net

Johannes JÖRGENSEN	**LA CLOCHE ROLAND** Les Allemands et la Belgique **3.50**
Abbé FOULON	**Arras sous les Obus** 100 photographies Préface de Mgr LOBBEDEY, Évêque d'Arras **3.50**
Baron A. de MARICOURT	**LE DRAME DE SENLIS** Journal d'un Témoin **3.50**
Hubert de LARMANDIE	**Blessé, Captif, Délivré !** Préface du Général MALLETERRE **3.50**
Louis COLIN	**Les BARBARES à la TROUÉE des VOSGES** Préface de Maurice BARRÈS **3.50**
Georges DESSON	**Souvenirs d'un OTAGE** Préface de Serge BASSET **2.50**

Imp. Artist. "Lux", 131, boul. St-Michel, Paris.

www.ingramcontent.com/pod-product-compliance
Lightning Source LLC
Chambersburg PA
CBHW060955050426
42453CB00009B/1185